AF355789

VENTE

DE

4 TABLEAUX

AUTHENTIQUES

Le Samedi 2 Mars 1861, à 4 heures précises.

Me DELBERGUE-CORMONT,	M. DHIOS,
COMMISSAIRE-PRISEUR.	EXPERT.

1861

RENOU & MAULDE

IMPRIMEURS DE LA COMPAGNIE DES COMMISSAIRES-PRISEURS

Rue de Rivoli, nᵒ 144.

CATALOGUE

DE

4 TABLEAUX

AUTHENTIQUES

PAR

ALLORI (Alexandre IL BRONZINO)

VELASQUEZ (Don Diégo Rodriguez de Silva)

MURILLO (Barthélemy-Esteban)

DEVOS (Paul)

PROVENANT DE LA GALERIE D'UN AMATEUR ÉTRANGER

DONT LA VENTE AURA LIEU

HOTEL DES COMMISSAIRES-PRISEURS

Rue Drouot, n° 5

SALLE N° 7 

Le Samedi 2 Mars 1861, à 4 heures précises

Par le ministère de M° **DELBERGUE-CORMONT,** Comm^{re}-Priseur,
rue de Provence, 8,

Assisté de M. **DHIOS,** Expert, rue Le Peletier, 33,

Chez lesquels se distribue le présent Catalogue.

EXPOSITIONS:
PARTICULIÈRE. — Le *Vendredi* 1er Mars 1861, de 1 heure à 5 heures.
PUBLIQUE. — Le *Samedi* 2 Mars, **jour de la Vente,** de 1 à 4 heures.

—

1861

CONDITIONS DE LA VENTE.

Elle sera faite au comptant.

Les acquéreurs paieront, en sus des adjudications, CINQ pour cent applicables aux frais de vente.

Les quatre Tableaux qui font l'objet de cette vente proviennent d'une riche Collection étrangère; tous sont d'une incontestable authenticité, nous ne ferons donc aucune réflexion sur le mérite de chacun d'eux, certain que nous sommes que l'avis de messieurs les Amateurs qui se rendront à notre Exposition sera favorable à ces œuvres dignes en tous points des célèbres maîtres qui les ont produites.

DHIOS, Expert.

[illegible]

DÉSIGNATION

ALLORI (Alexandre IL BRONZINO)

✝ 1 — La Vierge, l'Enfant Jésus et sainte Anne; à
leurs pieds sont prosternés saint Joseph et
le cardinal Ferdinand de Médicis.

La Vierge assise, vêtue du costume des Madones ita-
liennes, tient l'Enfant Jésus sur ses genoux, sainte Anne,
qui est dans l'ombre, présente au divin Sauveur, dont les
regards sont tournés vers sa mère, un livre ouvert sur
lequel il pose une main, tandis que de l'autre il tient la
boule du Monde; à leurs pieds sont prosternés saint Joseph
et le cardinal *Ferdinand de Médicis* portant le costume
d'un capucin.

Ce tableau est un des chefs-d'œuvre d'*Alexandre Allory*,
il fut exécuté par cet artiste d'après l'ordre de son pro-
tecteur, le grand duc *Ferdinand de Médicis*, qui y est re-
présenté rendant ses hommages à la Vierge.

L'effet de cette œuvre remarquable est des plus agréable;
il n'est pas une de ses parties où ne brille le génie du grand
artiste : dessin d'un grand style, anatomie savante, tons
clairs et harmonieux, heureuse distribution de la lumière,
telles sont les rares qualités qui la distingue.

Elle est contemporaine d'un magnifique tableau peint
par *Allory*, par ordre du même personnage, qui en fit

présent à *Philippe II*, *roi d'Espagne*, et que l'on admire aujourd'hui dans la sacristie haute de l'Escurial.

Dans un coin du tableau on lit cette inscription :

Alexandro Allory IImó Ferdinando de Médicis, S. R. J. Cardinali Pingebat. A. D. N. S. 1584.

Toile.—H. 2 m. 72 c. L 2 m.

VELASQUEZ (DON DIÉGO RODRIGUEZ DE SILVA)

✝ 2 — Portrait d'une Infante, fille de Philippe IV.

Toile.—H. 66 c. L. 60. c.

MURILLO (BARTHÉLEMY-ESTEBAN)

✝ 3 — Daniel dans la fosse aux lions.

Toile.—H. 80 c. L. 1 m. 5 c.

DEVOS (PAUL)

4 — Chasse au Sanglier.

Toile.—H. 1 m. 45 c. L. 2 m. 16 c.

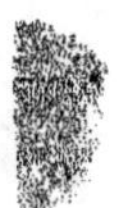

Renou et Maulde, imprimeurs de la Compagnie des Commissaires-Priseurs, rue de Rivoli, 144. 691

VENTE DE

4 TABLEAUX

AUTHENTIQUES

PAR

ALLORI, VELASQUEZ, MURILLO, DEVOS

Le Samedi 2 Mars 1861, à 4 heures précises

HOTEL DROUOT, SALLE N° 7

EXPOSITIONS : { Particulière le Vendredi 1er Mars, de 1 h. à 5, Publique le Samedi 2, jour de la vente, de 1 h. à 4.

Mᵉ DELBERGUE-CORMONT, Commissaire-Priseur, rue de Provence, 8,
Assisté de M. DHIOS, Expert, rue Le Peletier, 33.

www.ingramcontent.com/pod-product-compliance
Lightning Source LLC
LaVergne TN
LVHW021618170726
843501LV00010B/4042